음악시인 윤정화

[제1시집] 울어도 울어도 소녀 가슴에
사랑꽃 핀다

기획·발행처 도서출판 한국인
출판·인쇄처 도서출판 釜山文學

본 시집은 한국예술인복지재단의 2024년 신진예술인 예술활동준비금으로 인쇄제작되었습니다.

머리글

평안하십니까?
이 시집은 일상 속에서 느끼는 작은 감정들을
진솔한 향기로 담았습니다.

바람에 흔들리는 나뭇잎처럼
우리의 마음도
때로는 불안정하고 변화무쌍한 세월들을 견뎌오면서
봄에는 화사한 생동감으로 누군가에게 희망을 안겨주고
여름에는 시원한 만남으로 웃음을 선사하고
가을에는 풍성한 그리움으로 눈물을 떨궈내고
겨울에는 따스한 사랑으로 건강과 행복을 주고 싶은 마음에서 우러나
그런 순간들을 포착하고
그 속에서 발견한 아름다움을
님들과 함께 나누고자 합니다.

독자 여러분이 테마별로 구성된 시들을 통해
잠시나마 자신의 마음을 들여다보는
힐링할 수 있는 시간이 되시길 바랍니다.
이 시집을 낼 수 있도록 용기를 주신
부산문학협회 김영찬 대표님과
저를 응원해 주시는 많은 분들께 다시 한번 감사 말씀드립니다.

2024년 12월

음악시인 윤정화

차 례

봄의 왈츠 제1부

삼월에 내리는 봄비	012
사계절 만남	013
삶의 자세	014
빗물꽃	015
빛의 산란	016
진연	017
질리지 않는 사랑	018
발광체	019
아리랑 랩소디	020
진실한 마음	021
우선	022
어머니의 로맨스	023
입춘	024
아다지오	025
민들레	026
사랑꽃	027
소	028
좋은 아침	029

여름 산책 제2부

친구	032
좋은 사람	034
시절 인연	035
걷기 운동	036
연모	037
연락처	038
소리	039
새벽 다섯 시	040
아침	041
시꽃	042
시를 위한 시	043
짜파게티	044
자동차	045
감탄 떡볶이	046
좋은 사람	047
꿈과 도전	048
피아노 시인	049

차 례

가을 향연 제3부

갈 사람	052
큰 나무	053
필연	054
가을 향기	055
간절한 눈빛	056
파란 물	057
달리다굼	058
가을 손님	059
별빛	060
달리기	061
급발전	062
나의 기도가 멈춘 날	063
내 사랑	064
그대에게	066
영화	067
어른	068
남기는 행위	069
음악의 빛	070
산보	071
죽어야 산다	072
이때	073

겨울 바람 제4부

겨울 소나타	076
헤븐	078
무새	079
말펀치	080
초점	081
피자	082
집밥 한 끼	083
아름다운 사람	084
첫눈이 오면	085
알고 있다	086
보통과 비범사이	087
행복 샘물	088
귀 빠진 날	089
그해 겨울	090
누구나	092
모성애	093
시집을 마치며	095

제1부

봄의 왈츠

날씨가 따뜻하여 나무에 움이 트기
시작하고 기온이 상승하면서
식물들이 새싹을 틔우며 꽃이 핀다.

생명과 재생의 상징으로 여겨지는
한 철 인생의 젊음과 많이 닮았으리라!

예쁘게 설레듯이
자연의 변화와 함께 사람들에게도 새로운 시작과 희망을
안겨주는 따스함으로

화사한 여심을 자극하고 새 출발 하기에도
더없이 애틋한 계절 봄의 왈츠로

싱그러운 계절의 여왕처럼
초심으로 돌아가는 마음을 노래한다.

삼월에 내리는 봄비

여심을 흔드는 마음
그대는 아나봐

주르륵주르륵
떨어지는 소리
가슴을 설레게 친다

화창한 봄날에 내리는 비
따뜻한 햇살의 빛보다
포근하게 감싼다

꽃샘추위 잊게 하는 삼월
새순이 돋아나듯 처음부터
사랑을 시작할 수 있다

빗물 안에 내가 있고
내 안에 사랑이 있는 한
생은 아름답다

사계절 만남

봄에는 화사한 만남을
여름엔 시원한 만남을
가을엔 풍성한 만남을
겨울엔 따스한 만남을

삶의 자세

살아왔음에
이룬 꿈
꿈대로 흘러가고
만남의 역사를 이룸에
새로운 꿈
꾸게 된다

갈급한 마음
채워주는 시처럼
음악이 잔잔하게 흐르는
북카페에서
기다리는 소녀 되어
그대를 부르리라

빗물꽃

슬픔 속에 울고 있는 비야
하루에 한 사람
태어나고 죽는 것

무고하게 희생당한 애도냥
물꽃 속에 흩날린다

오랜 장대비 분풀이
도로 집어삼키고
참다가 시정 불가

전면 응수처럼
하늘 구멍 내고 마는
알아차린다

빛의 산란

구름이 행복할 때
두둥실 하얀 미소
호호호호호

구름이 괴로울 때
콰과광 시커먼 눈물
흑흑흑 흑흑

구름이 즐거울 때
새파란 하늘 노래
랄랄랄랄라

구름이 환상적일 때
황금빛 얼굴
이리오너라

천지방 구름 품은 채
최단 시간 너를 위해
흩뿌릴지라

진연

생각하기 좋아하는 사람 곁
당신이 보인다

노래 부르고 싶어질 때
그대를 느낀다

맛있는 성찬을 누릴 때
자기가 떠오른다

고급스러운 생활 양식 즐비할 새
여보가 생각난다

드넓은 초원 달릴 때
연인 모습 그린다

높은 창공을 오를 때
그분께 향하듯이

질리지 않는 사랑

거칠게 움직이는 실연보다
우아미를 달리는 극치여

세상은 인기를 얻어 목고
된 사람은 연연치 않은 진가로
자연을 동화시킨다

만물의 질서를 유지하고
듣기에 편안한 서정곡 발레하듯이

격렬하게 흔들리는 박자
빠른 만큼 이내 식어버린다

공들여 쌓은 시간
어찌 저찌 뛰어넘을 둥

음악의 신동으로 다가와
무구히 빛낼 입을 모은다

발광체

스스로 빛을 아름답게
내뿜는 사람

주어진 생애까지
앎을 위하여

배운 것을 미친 듯이
들뜰 때 나누고

바닥일 때조차 방출하여
모습을 드러내어

이성은 지구를 지키라고
에너지를 쓰게 만들고

감성은 생명을 보존하 듯
지키라고 말한다

뜻대로 되는 일 함박 미소
어긋날 때 열복사 되리라

아리랑 랩소디

아리랑 지은이
국악계의 바흐인가봐

찬송가에 실리지
전 세계인이 인정한 곡

가야금 조율에도
용이하게 맞춰지니

놀랍고도 신비한 떨림
쟁반 위 옥구슬 되어 떼구르르르

흐름이 자연스럽고
편안한 선율로 두근거릴 때

님의 손잡고 달빛 한 모금
마시러 나갈그나

알이랑 고개 넘어서
뒹구는 소리 지화자 좋다

진실한 마음

아무것도 없다고
얘길 해도 괜찮다

인물이 못 생기고
잘나지 않아도 좋다

쭉쭉 빵빵한 몸매가
아니어도 상관없다

청소와 운동을 못 해도
다른 것으로 대체한다

많이 먹건 조금 먹건
편할 대로 한다

젊으나 늙으나
있는 모습 그대로 본다

남을 자신보다 귀히 여기는
삶의 태도를 따른다

우선

네를 보면 살고 싶어
네를 보면 듣고 싶어
네를 보면 꿈꾸고 싶어
네를 보면 걸어가고 싶어

얼마나 여기까지 해오느라
많은 눈물 쏟았니?
얼마나 인내하며
성장해 왔니?
누군가를 인정시키고
나 자신을 만족시키기 위해
얼마나 힘들었을까

그래! 우선, 실패해 보는 거야
실패에 대한 두려움 따윈
날려버려

성공하겠단 마음보다
실패하지 않겠단 자세가
차라리 더 소중하니까

어머니의 로맨스

어머니 생각에 잠기어 봅니다
무심한 마음에 상처가 나셨죠
그동안 얼마나 고독하셨나요
이 못난 자식을 용서해 주소서

계실 땐 가치를 잘 몰랐습니다
어머니 마음의 숭고한 사랑을
저절로 된 것이 없음을 배워요
희생은 아무나 할 수 없었음을

어머니 두 손 모아 기도를 드려요
내리사랑 온전히 다채 울길 없어
애석하게 부질없는 눈물만 솟구쳐요
낳으셨고 길러 주셔서 불쌍한
세상에서 가장 존귀한 우리 어머니

입춘

산들산들 불어오는
이 봄바람은

함께 부를 창으로
넘어오누나

보이지도 않는 것이
만져지지도 않는 것이

구름 낀 하늘 위로
잘도 넘어가는구나

아다지오

반드시 해낼 거야
죽어도 하고픈 일

힘들다고 말하지
눈물이 흘러내려와

하려는 일들이
뜻대로 안 될 때면

가슴속에 큰 요동
물결이 출렁이네

느껴지는가
저 웅장한 새들

윤슬에 비친 금빛 날갯짓
뭐가 보이는가

해맑은 미소
세상을 다 줘도 아깝지 않을 꿈

민들레

행여나 돌아올까
기다렸지만

들려오는 소리
바람소리뿐

마음 몰라주는 야속한 당신
발걸음 무거워진다

왜 아련한 사랑 모를까
그대 마음 아는 건 나일 텐데

오직 사랑이면
충분하기에

마음 받아주면
좋겠어

일편단심 민들레가
울고 있다

아무도 찾지 않는
빈 뜰 아래서

곁을 떠난 후
님 그림자 되어

사랑꽃

울어도 울어도
소녀 가슴에 꽃핀다

누구에게 말 못 할
비밀 간직한 채

있는 그대로
삶을 인정한다

대신할 수 없는
고통과 아픔들

시련은 한 사람의 인격을
단단하고 성숙하게

지나간 모든 아름다운
모습만 떠올리면서

꺼이꺼이 소리 내어
마지막 서러움 터트린다

소

시골 들녘을 가로 지르면
멀리서 들려 오는 정다운 소리
움메애 움메애 움메애 움메애
할머니의 구수한 된장찌개
냄샐 맡아서일까
어느새 우리들 마음 구수해진다

꼬부랑 고개길 꼬리치며
따라오는 착한 소
움메애 움메애 움메애 움메애
풀냄새가 향긋해서일까
잠자던 갓난 아기의 미소 속에서
어느새 우리들 가슴 포근해진다

좋은 아침

제일 먼저 눈뜨면
생각 나는 사람
책 읽을 때
나 밥 먹을 때
차 마실 때
나 음악 들을 때

눈 감을 때
또렷이 더 차오르고
간직하고 있는
모든 것 실현할 때
온다는 정설로

선물 같은 그대를
두 팔 벌려 안듯이
마음의 소리 담는다
어깨 짓누르는 고통
멋게 할 산야초처럼

제2부

여름 산책

낮이 길고 기온이 높아 다양한 야외활동과
휴가를 즐기기에 적합한 시기로
해를 많이 볼 수 있다.

식물들이 잘 자라고 꽃이 만개하는 모습이
꿈을 이루기에 좋은 시절이리라!

정열적으로 행동하듯이
장맛비와 폭염 속에 고온 다습한
가운데서도 당도가 높은 열대 과일 향기로
목을 축일 수 있는 상큼함으로

시원한 만남을 부르고
여행을 계획하기에도
한없이 즐거운 계절 여름 산책로

낭만의 계절에 변덕스러움을 이기고
생애 최고의 행복한 날을 그린다.

친구

정답게 놀던 친구
어떻게 되었는지

너무도 보고 싶어
나는 울었네

하늘에 흰구름
뭉게뭉게 피어오르고

풀밭에 꽃송이
방실방실 웃어주는데

너는 내 마음 모르고
어디로 갔니

정겹게 웃던 아이
어디서 무얼 하는지

자꾸만 그리워져
눈물 훔치네

바다의 갈매기
너울너울 춤추고

수평선 한가운데
네 모습 그려보는데

너는 내 마음 모르고
어디에 있니

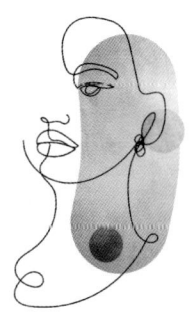

좋은 사람

그대는 찬란한 빛
수많은 생명 살리듯
오래 살아야 돼요

자기는 광활한 우주
은은한 사랑 나누듯
있어 줘야 돼요

당신은 아름다운 꽃
잔잔한 마음 보이듯
느껴 줘야 돼요

그대가 아프면 해처럼
뜨거워지고
눈물이 나는 걸요

자기가 울면 달처럼
차가워지고
빗물이 흐르는 걸

당신이 안개처럼
사라지면
제가 좀 쓰라린대요

시절 인연

좋은 사람 오래 두고
보고 싶은데

하늘은 멋진 별
예쁜 꽃 닮은 얼굴

기억하여 먼저
데려가신다

딱 그 시절 아님
만날 수 없는 연

알 수 없는 미래
아름다운 일과 사랑

내일을 여는 모습
감미롭게 보던 중

떠나가도 흔적은 남아
새로운 선인을 안겨준다

걷기 운동

온몸이 뻐근뻐근
오십견처럼

목덜미까지 올라오는
지퍼를 풀기 힘들매

살기 위해 유산소
들이마신다

서너 구역 뛰니
날이 저물고

다섯 번 여섯 번
장소 이동하니

저녁시간 지나
이부자리 펼 때라

보폭을 점점 넓게
반나절 인생일지라도

연모

제일 먼저 눈 뜨면
생각 나는 사람아

맛있는 것 먹으면
떠오르는 얼굴

좋은 곳을 구경하면
함께 데리고 가고파

멋진 모습으로
아름다운 소통 하고

옆에 꽁꽁 숨겨놓고
그리움에 꺼내보며

세상에 위험한 일
울타리 쳐 주고파

사랑하고 좋아서
흠모하니까

연락처

마음에 드는 사람
생기면 번호 따

아무나 주고받지 않고
예의 주시한 느낌

화려한 언변이 아닌
진솔한 대답

살면서 자신과 닮은 꼴
응당 생기기 마련

결 따라 코드를 입력
소식통 띄운다

누군가에게 준 용기
평생 동행자 되어

사시사철 삼백육십오 일
이십사 시간 머문다

소리

세상의 모든 소리
아름다운가

맑은 날
까르르르르

흐린 날
스루루루루

비 오는 날
우루루루루

바람 부는 날
휘리리리릭

천둥번개 치는 날
콰아아아, 앙

눈 오는 날
차르르르르

새벽 다섯 시

그대에게 하고픈 말
전할 수 있는 시간

울어도 눈물을
삼킬 수 있는 순간

아파도 웃음을
나눌 수 있는 지금

기쁘게 사랑을
속삭일 수 있는 이때

행복한 동행을
발판 삼을 수 있는 우린

음악을 들으며
진솔한 향기 머금은 당신께

그림으로 채우는 시곗바늘
새벽 다섯 시 자기를 깨운다

아침

사람으로 태어나 하늘 보며
숨결 느끼고

땅을 딛고 일어나 먼 산 보며
희망을 걸고

바닷가를 돌면서 갈매기 떼 보며
절호의 기회를 얻고

호수를 끼고 바라봄으로
마음을 씻고

들판을 걸으며 꽃향기 맡으며
사랑을 느끼고

밤하늘 수놓은 별빛을 받으며
우정을 맺고

무한한 은하계 행성을 쫓으며
꿈을 실현하고

태양을 눈부시게 쳐다보는 아침
형상을 감지한다

시꽃

시인의 가슴에 핀 꽃
학교 앞 통로에 차렷

평가의 하루 이야기
행적을 쫓아서

오전 열 시에 백여 점
바삐 동여맨다

오는 이 눈길 주고
가는 이 한번 더 즐상

정오에 입소문 난
중화요리 맛집

윤기 나는 면발이 특
짜장면은 구수 짬뽕은 시원

군만두 서비스와 맛탕
아는 것이 힘이련가

인품이 깃든 상장과 트로피 진열
봉사왕을 상징한다

시를 위한 시

이목을 끌기 위한 시
써본 적 없는

생각을 나누고 마음을
더하는 생명력이여

고차원적이어야만
감동하는 걸까

음악 하기 위한 음표로
세상을 그리고

느끼기 위한 도구로
생의 의지를 전달

누군가에게 별이
또 다른 이에게 꽃으로

그렇게 바라본 한 사람
생겨나는 것으로 족하리

짜파게티

주머니 사정이 여엉
녹록지 않을 때

가볍게 끼니를 때울 수 있는
풍성하고 재밌는 맛

월요일 한식으로 냠냠
화요일 분식으로 흥흥

수요일 양식으로 하하
목요일 일식으로 호호

금요일 절식으로 이햐
토요일 미식으로 쿠쿠

일요일 중식처럼 으음
한 젓가락씩 거드니

꼬불꼬불 후루룩 쩝쩝
냄비에 배부른 미소만이

자동차

인생은 뛰뛰빵빵
삶의 윤활유

과감하게 액셀을 밟아야
할 때도 있고

추진 중에 브레이크
밟아야 될 때도 있고

비상사태 일어나
깜빡이를 계속 켜야 할 때

좌회전을 해야 목적지
도착 할 때도 있다

우회전을 해야 변을
피할 수 있을 동력으로

휴식을 취하고 싶어 질 때
멀티미디어 텐트가 된다

감탄 떡볶이

오매불망 둘러앉아
쫄깃쫄깃 뜯어먹는 맛

빨간 고추장 설움을
잊게 만들고

송송 대파 건강을 장담
흑깨소금 떼구르르르 구른다

아이들 불러모으는 소세지
통통 볼살 키우는데

길쭉이와 넙적이
알싸한 감탄을 부른다

눈물 콧물 빼도
저절로 손이 가는

길거리 음식을 떠나 안방에서
새콤달콤 즐기는 이 맛이여

좋은 사람

그 사람의 민낯을 볼지라도
남아있는 그대

그 사람의 약점을 들을지라도
곁에 있는 그대

그 사람의 허물을 발견할지라도
떠나지 않는 그대

그 사람 실패로 고뇌할지라도
위로해 주는 그대

그 사람 아픔에 통곡할지라도
귀 기울여 주는 그대

그 사람 다소 모자라고 엉뚱해도
있는 그대로 봐주는 그대

그 사람 육신이 점점 망가져도
여유로운 눈길로 손잡아주는 그대

꿈과 도전

꿈이 있는 한 늙지 않는다는
그 말처럼

첫 춘은 한 시절이 아닌
마음가짐 상태로

새로운 정보를 듣고
깨닫는 시점이듯

젊은 시절의 아픔만
비단 값진 것이더냐

아련한 꽃처럼 피어오르는
슬픔도 가치롭다

사는 날까지 넘어져도
일어나는 오뚝이 정신

찾아서 두드리고 열리게
나빌레라

피아노 시인

피아노를 치면 사랑하는 임
흑백 건반 사이로 반짝

두 손은 열 손가락 자원을
아끼라듯 지구를 꽃받침

월요일에 서로 좋은 일
월등하게 몰입

화요일에 화기애애 아름다운
이야기로 감동

수요일에 수척한 사람들을 위하여
마음으로 공감

목요일에 목숨을 걸고 지킬 애정으로
그의 나라와 의를 구하듯

금요일에 금빛 찬란한 문화예술
최고의 정점처럼 궤도에 오른다
토요일에 영혼을 토실토실 살 찌우기에
힘쓰면서 정화시키고

일요일에 일일이 오늘 보다 못 볼 수
있을 그날을 대비하면

팔십팔 건반 안에 든 인생이여!
곡조를 울리는 시인의 노래는 영원하리

제3부

가을 향연

날씨가 선선해지고 나뭇잎 색이 곱게
물들어 아름다운 비단옷으로 갈아입은 산의
빼어난 절경을 볼 수 있다.

노력해 온 수확으로 결실을 맺고 풍요 속에
사색을 통하여 성찰할 수 있으리라!

한걸음 더 도약하듯이
푸짐한 사랑을 가족과 이웃들에게
문화예술의 꽃을 피우면서 축제의 밤을
감동으로

풍성한 필연을 부르고
이성과 감성의 조화로움을 불러일으키기에 충만한 계절 향연으로

독서의 계절 고독한 그리움을 차분하게
느끼면서 오늘이 가장 젊은 날처럼 가꾼다.

갈 사람

오는 사람 환영하고
가는 사람 붙잡지 않듯

인생을 어렵게 생각지
않으려 한다

단순하게 살면
큰 부자는 안 되어도

작은 부자로 화를
면하게 된다

마음 맞는 몇 분 하고
지내기에도 짧은 생

갈 사람은 붙잡아도
떠나가는 것이 진리

올 사람은 떠밀어도
끝까지 남는다

큰 나무

손주와 다정히 걸어가는
할머니 뒷모습

고드름 닮은 눈물이
왈칵왈칵 쏟아진다

세상에 있는 게 좋은 들
가족애만 하련가

나무는 더러운 것을 빨아들일 제
깨끗한 것을 내놓는다

젊은 시절 없는 사람 없듯이
늙어가도 마음은 청춘처럼

땅속 깊이 뿌리를 내리려
푸른 몸집을 키운다

밖에서 반겨주는 친구는 잎새
안에서 웃어주는 가정은 밑동이다

필연

어려운 시절을 견딘 추억
버티니까 먼 길까지 간다

좋은 것만 보고 쫓으면
싫을 때 눈멀게 되고

신뢰가 있으면 은행도
사무실과 집 차차 갖추리

세상을 바라보는 안목
키운 덕분에 얻어진 행운

앞에서 끌어주고 뒤에서 미는
리더십 보여준 필연

공부하는 사람 옆에 붙으면
거저 배우듯이

일하는 머리 앞에 맞대고
의논하니 상호작용 일어나리라

가을 향기

화사하게 핀 꽃의 힘
새날을 펼치고

시원스레 바다 위 갈매기떼 춤
현재를 이기게 만들지

오곡백과 익어가는 소리
미래를 떠올려

찬서리 맞은 끝에 뜬 별
가슴속에 살아 숨 쉬듯이 빛나지

먼저 가서 기다리는 님
보고 싶은 내 마음 알까

하늘에 큰 구멍을 뚫고
우두두둑 우두두둑

굵은 빗방울 연주가
지울 수 없는 아픔 씻어주리라

간절한 눈빛

수많은 고뇌 속에
긴장감이 맴돌듯이

한 생명일 지라도 보듬는
마음이여

매 순간 최선의 선택을
강요당하지

모든 기다림에는
고통이 저민다

세상은 살려달라
소리들로 가득 차사

시와 음악 춤과 그림으로
펼쳐지는 애상

뭉클한 선물로
나날 보답하리라

파란 물

파랗게 물든 수채화 물감이련가
투명한 눈물이련가

기분이 좋을 땐
콸콸콸콸 옥빛 청정수

휘파람 불게 만들고
흥에 겨워 실룩거리지

배꼽시계 꼬르륵꼬르륵
찬물샘처럼 달콤하니

배고픔 덜어주고
갈증을 해소하는 사랑

온수로 근육 풀어주고
냉수로 마찰시키듯이

깨끗하게 씻어주는 정화수도
성질나면 싹 오염 시키리라

달리다굼

일어나라
말할 수 있는 그대
죽은 것이 아닌

잠을 자고 있는 아이
깨운다

단 하루도 자신 위해
살지 않는다

낭떠러지에 놓인 생명
울타리 안으로 한 생명일지라도

더 밀어 넣을 뿐
살린 일과 선한 행동

아무도 알지 못 하게 하란 뜻
오직 먹을 것을 주라듯이

막지 못 하고 누군가에 의해
온 세상 끝까지 전파된다

가을 손님

숨 쉬는 동안 가슴을
몇 번씩 치는 사람

함께 한 추억이 업적으로
그해 발길이 되살아나
먼 하늘 미소별로 반짝거리네

잊을까 하면
스승의 향기에 취한 애제자
그리움 코스모스
노래에 실어 보내니

그 마음 아는지
오늘밤 찾아든 귀뚜라미
떼창을 부르고
떠올릴수록 웃음이 절로
새어나온다

별빛

예수 샛별
사랑을 속삭이며

부처 아침해
무소유를 강조하여

공자 가라사대
인의예지신 다하기를

소크라테스 남보다
자기 자신을 먼저 깨달으라네

루소 말한다
자연으로 돌아가라

칸트 논하듯이
행복 세 가지로 압축시키고

톨스토이 제대로 된 삶
무엇을 위하는가

베토벤 전 세계 합창으로
운명을 결정하리라

달리기

운동과 담을 쌓고
지낸 시간들
비님 오셔도 뛴다

설마에 사로 잡혀
오늘 하루 마라톤 선수
벌어진 격차만큼
속도에 떠밀려

땀 범벅 차오르네
푸릇푸릇 잎사귀
어서 오라 손짓하누나

다홍치마 꽃봉오리
아리따운 미소는 응원군
양갈래 길 어디로 가야

만날 수 있을지
동동 구른 발걸음
다시 왔던 길 되돌린다
한참만에 도착한 나에 비해
먼 길을 오래지 않아
도착하는데
다음번에 만발의 준비
태세를 갖추리라

급발전

운전에 왕도란 없듯
의도치 않게 총알같이
순식간 타 다다다닥

이정표대로 불응한 대가
처참한 광경 속에
예고된 진혼곡이여

하나둘씩 쓰러져 간
뿌리째 뽑힌 나무처럼
구만리도 넘는 길 언제 보려 마

가속력을 탄 불의로
준비 없는 이별과
오열 속에 꽃상여 길 행차라네

한밤중에 날아든 비보
운명의 소용돌이치고 멎는다

나의 기도가 멈춘 날

나의 기도가 멈춘 날
인생도 멈춘 다

온마음과 정성 기울여
생명 있는 곳 길 따라갈래

나의 행복한 꿈길 따라
얼굴도 꽃이 피네

우리 서로 사랑한다면
멈춘 날 다시 뛴다

아! 고마운 날들이여
아! 행복한 사람들이여

안녕하고 웃으면서
내 갈길 바삐 가려하네

고운 미소 띄우며
지그시 얼굴 쳐다보듯

작별의 시처럼 두 눈 감고
세상 이름 떨친다

내 사랑

그대는 너무 큰 사람
진짜로 조마조마해요

당신은 유한이나
무한 발전 가능하니까요

자기는 대인배적인 활동으로
많은 사람들을 살려내기에

여보에게 가까이 가면
행여 인물이 질적인 동력

흐름이 마비될까 봐
잠시만 아름다운 잠수 타요

별 볼 일 없는 세상
해와 달을 심고

푸른 초목 닮은 모습
천진스러운 얼굴로

낭만스럽게 자꾸만 더
바라보게 되어요

얼마큼 나를 사랑하나요?
그대도 나만큼 인거지요?

그대에게

나보다 더 높은 곳에
있는 자여

무소식일지라도
인내할 수 있는 건
오롯이 믿기 때문이리

기도로 먼저 다가가
오실 때까지 정렬하게
죽음마저 불허로 갈라놓지 않는

당신의 시간을 기준 삼고
분별은 있을지언정
속량 할 길 없는 사랑

해바라기 얼굴로
값 없는 화평을 밀접하게
항시 주고받으리라

영화

보고 싶을 때마다
사진첩에 꽂힌 인물처럼

생동감 있게
포착되는 대상이여

슬픈 별 무대에서
기쁜 성을 만들기 위해

예술적 감각을 최대한
늘려 나간다

뭉클함이 베인 영상은
삶의 윤활제로 변신하여

견딘 무게만큼
기술이 되어 움직이고

한갓 꿈에 불과할지라도
기록 속에 온누리 찬연하리라

어른

살면서 다가오는 위기
있을 때마다

지위와 항렬이 높은 분
말에 귀 기울여야지

아무도 없으면
두려운 마음 커지고

다 큰 모습을 알길 없어
방황하게 된다

온전히 상대에게
관심이 가니

대가를 바라지 않게
하여 웃을 수 있기에

그대가 행복하고 기쁠 수만
있다면 참 좋겠네

남기는 행위

새들은 어디로 날아가나
바람은 어디에서 불어올까

꽃은 어느 때 피고
별은 언제 뜰까

하늘은 왜 푸르며
바다는 왜 출렁이련가

사람은 무엇을 남기려
고독한 등대처럼

불빛을 비추면서
생명 건져내더냐

삶이 완성되기도 전
떠나는 여정이여

발자국 따라 슬프도록
아름다운 길을 밟는다

음악의 빛

음 황홀한 느낌
점점 짙어가네

음 해맑은 기분
살포시 옅어가네

생명을 살린 예술로
시간의 흐름 속에 맡기면

기악의 심장을 파고
성악의 가슴을 치네

딩동댕 사랑의 멜로디
똑딱똑딱 리듬소리

그대와 부르는 노래
하모니카 되네

천지에 울려 퍼질 합주
어둠이 걷힌다

산보

그대 가을바람 불어와
하트꽃 심는다

손을 맞잡고 이 거리를
당신과 걸어볼까

자기 목소리만 들어도
가슴이 콩닥콩닥 뛰고

왜 그런지 모르겠어
저기 핀 들국화는 알겠지

언제부터인가 거꾸로
흘러가는 시곗바늘처럼

황금빛 사랑이 물들어 와
설레는 파도를 치며

간지럽게 흔드는 나뭇잎
진풍경 묻는다

죽어야 산다

누구와 소통하느냐?
앎이 달라진다

언제 연락하느냐?
즐거움이 다르다

무엇 때문에 받느냐?
새로움이 다가온다

어디에서 만나느냐?
길이 정해진다

무엇을 하느냐?
감사가 흐른다

어떻게 생활하느냐?
질서가 잡힌다

왜 그러느냐?
죽어야 산다

사는 날까지 다 못 깨닫고
가는 게 인생일지니

이때

가르쳐주는 대로
행치 않고 다치면

뭇매와 질타를
받게 되니

다른 사람의 좋은 말을
귀담아듣고

올바른 행실을 쫓아
움직이면 끝이 잘 풀리리라

절묘한 때를 놓치지
말며 능히 견디라

돌이켜 보면 행운은
늘 가까이에

지금 아니면 안 되는
일에 운명을 건다

제4부

겨울 바람

은은한 달빛을 보다 더 많이 감상할 수 있고
낮은 기온 덕분에 연인들이 하얀 눈을
맞으며 러브 스토리 추억을
쌓기에 좋은 점을 발견한다.

나약한 인간의 삶을 고찰하면서
혼자가 아닌 생명체들과 공존하는 세상을
바라보며 대자연 이치와 섭리를
이해할 수 있으리라!

나 항상 그대를 떠올리듯이
차가운 바람 부는 날 포근하게
감싸주는 머플러 닮은 시선으로
해 뜨는 곳부터 달 뜨는 곳까지
가슴 아파도 그날 위해 미소로

따스한 우정을 싹 틔우고
질서 정연하게 평화를 외칠 수
있는 용기로

꽁꽁 얼어붙은 마음을 거친 풍랑으로부터
막아줄 수 있기를!
일분 일초를 귀하게 일 그램일지라도
할 수 있는 만큼 빛과 소금처럼 나누면서
위대한 하루를 보낸다.

겨울 소나타

흰 눈 내리던 그 길 위에서 우리의
슬픈 얼굴 마주하면서
눈물 흘렸던 기억
그대를 잊지 못해 난 노래해
우리 사랑을

아름다웠던 추억을 회상하며
두 손을 모아 그댈 위해 기도해
영원한 곳에 다시 만나도
그대만 사랑할 수 있게

해달라고 간절하게
내 사랑은 당신뿐
그대 없는 이 세상은 허무해

힘든 삶 속에 나의 마음을 알고 있나요
보고 싶은 그대 외로워 울지 마요
항상 그대만 향해 바라보고 있어요

그해 겨울날 당신의 마지막 당신의 손을 붙잡고
눈물 흘렸던 내 모습 기억나

아직도 사랑스러운 그대 눈빛
그대 길 따라갈까요

내 사랑 그대를 볼 수 없는 이현실이 슬퍼
그대 위해 죽지 못한 나 자신이 너무 미~워~
애타게 부르짖으며 그대 사진 위로
(사랑의) 눈물 자국만이~~~~

헤븐

아름다운 사람들이 모여사는 곳

그곳에는 행복만이 가득 차 있죠

우리 모두 함께 가요 즐거운 낙원

고생하지 않아도 돼요

웃으면 되죠

사랑하며 서로 도우면 (랄랄랄라) 기쁨이 찾아와요

정말로 간절히 원하면 (랄랄랄라) 소원이 이뤄져요
오오오오~~

아름다운 사람들이 모여 사는 곳

그곳에는 평온함이 느껴지고요

솔직해서 벽이 없는 정다운이웃

너도나도 괜찮아서 좋은 사람들

무새

하얀 날갯짓이여

푸드럭 푸드럭

높은 창공을 향해 나는

네 힘찬 날갯짓 드리웁구나

슬픈 기색조차

보이지 않는 곳으로

날아가

삶을 드리우릴 네 눈물이

언젠가는

아름다울 것이라야

그날에는 멋진 날개

활짝 펼칠 것이리라

말펀치

사람은 무엇으로 사나
누구를 위해서
경종을 울리나
누군가는 자기의 안위를 위해서
말 펀치 때린다
또 다른 누군가는
꽃들에게 희망을 주듯이
생명을 존중 마음
온마음과 정성을 바치네
새날 누구인지
어디에서 왔으며
무엇을 위하여
왜사는지
나아가야 할 방향으로
제대로 걸어가고 있는지
장차 어디로 갈 것인지
오늘만큼은 콕집고
홈런처럼 날린다

초점

맑디 맑은 창공

티 없이 푸르다

높은 곳을 향한 시간

마땅히 있어야 할 곳으로

되돌아온다

어떤 피사체로

기억을 심어 주듯이

사이를 좁혀 나간다

한 점까지 모으기 위해

일궈내는 노력이 뻗치고

점친다

피자

나눠먹는 재미 쏠쏠한 피자
비 오는 날 생각나는 먹거리

한 개 먹으면 아쉽고
두 개 먹으면 부족하고
세 개 먹으면 배부르다

욕심부리면서 먹을 수 없는
여러 사람과 함께 꼭 먹을 때 소화 잘 된다

헛헛한 기분이 들 때
피식 웃으며 얘기하듯
고소한 치즈가 입가에 묻는다

오이피클 한 조각
스파게티 한 젓가락
환상적인 탄산음료

오늘 같은 날
사랑하는 사람들과
옹기종기 모여 늘어지게 먹듯이

피자는 비를 타고
반가운 손님이 된다

집밥 한 끼

집은 평온한 안식처가 되듯이
밥과 잠이 보약으로

한 번을 먹더라도
제대로 챙겨 먹는 습관이

건강과 행복을 동시에
잡을 수 있음을 알고

끼리끼리 어울리면서
식구경 할지라

아름다운 사람

태양이 눈부시게 비추던 어느 날
그대의 어깨가 너무 힘들어 보여
슬픈 얼굴 웃게 만들어 주고파
거리를 나서게 되었죠
어떤 색 옷을 입고 그대를 만날까
오렌지 립밤 향기 좋아하나요
함께 좋은 시간 보낼 수 있도록
그대여 내 손 잡아요
솔바람 부는 언덕을 떠올려요
싱그런 풀냄새 꽃향기 맡아보세요
깜깜한 밤하늘의 별빛을 타고
음악처럼 그림 그리고 춤을 춰봐요
뷰티 화장하고 예술로 힐링하고
그대에게 어울리는 패션 감각을 살려줄게요
존재 자체만으로 아름다운 그대여
사랑해요
내 손 꼭 잡아요

[후렴]
뷰티 화장하고 예술로 힐링하고
그대에게 어울리는 패션 감각을 살려줄게요
존재 자체만으로 아름다운 그대여
사랑해요
내 손 꼭 잡아요

첫눈이 오면

첫눈이 오면
사랑하는 사람과 손잡고
걸어 보겠습니다
첫사랑처럼
분홍색이라 변하기 쉬운
인간적인 사랑보다
맑고 깨끗한 신과 같이
첫 마음 닮은
무색이라 영원한 성전 앞에서
사랑과 평화를 위하여
탄일종을 세레나데처럼
울릴 것입니다
그것만이 처음 삶을
영위하듯이
좋은 것을 다음세대에게
대물림 해 줄 수
있는 길이라 여깁니다
더러워지기 쉬운 순백같이
청아해지려면
위대하고 강하신 그의 생각대로

움직일 때
회복과 치유가 동시에 일어나
첫눈에 반하기
잘한 게 됩니다

알고 있다

뜻대로 안 풀린다
속상치 마라
산은 알고 있다

아무도 몰라준다
야속치 마라
땅은 알고 있다

힘에 부친다
슬퍼하지 마라
바다는 알고 있다

어둑 컴컴한 밤이다
울지 마라
강물은 알고 있다

눈길이라 미끄럽다
상 찌푸리지 마라
구름은 알고 있다

가망성이 없다
체념하지 마라
하늘은 알고 있다
그대만 모를 뿐

보통과 비범사이

보통으로 살고 싶었다면서
비범함을 눈여겨 볼쏘냐

평범한 생활은
적은 것으로
더 많은 것을 이해 가능

더 나쁜 것으로 부터
가장 좋은 것을 이해 불가

일상의 순응과 편견으로
자유와 멀어진것처럼

개성이 없는 삶
열정도 식어버린다

상상력을 동원한 이상
높은 경지에 닿듯이

독창성 있는 생기발랄
영웅일지라

행복 샘물

이 무슨 영문이던가
맑은 기운이 감도네

세상의 모든 신음소리
샘물에 담그니
희석이 되네

겨울 내내
속앓이 했던 일들
조금씩 풀리기 시작하면서
십 년 묵은 체증이
내려가듯이 사랑으로 치닫네

마시면
갈증이 해소되는 물처럼
들으면
건강하고 행복해지는 기분과
파워풀한 뮤직

영원토록 변함없는 사랑으로
샘솟아나네

귀 빠진 날

살다보면 눈물 흐를 때가
더 많았지
내 마음 둘 곳 찾아
방황한 세월들
결혼을 하고
아이들 줄줄이 솜사탕
삶이란 게 이런 거구나
깊숙하게 박힌지로고
오늘은 내 생일날
마지막 헌혈로
한해를 마감하듯이
누군가에게
피와 살이 되어 줄거란
기대 속에 축하 세레나데
퐁퐁퐁퐁 퐁퐁퐁퐁퐁퐁
감사하게도
울려퍼진다

그해 겨울

쏴아 쏴아
출렁이는 파도소리

엄마 엄마
자꾸만
불러보게 되는
통곡소리

바다를 사랑해서
삼킴 당할 뻔했어도
못 잊어 또 찾는다

바다가 아니라면
강을 찾으셨던
포근한 모습이
사뭇 아른 거리네

반짝이는 모래
지난날의 아픔 되어
성을 짓게 만들고

허물어져 가는
빛바랜 두꺼비집 보면서
밀려오는 저 소리
참참이 듣는다

세상사
부딪히는 마음
헤아리듯이
각설하고
떠나간 영혼들을
대신하여

바다에서 공연한 그리움
하늘로 높이 높이
시성이 되어
수평선 맞닿는 그곳까지
노래로 뻗어나가리라

누구나

누구나 꿈을 안고 살아가죠
그토록 바라던 소망이 이뤄질 때
세상은 아름답게 변할 테죠

누구나 행복 싣고 살아가죠
어여쁜 사람들이 사랑을 속삭일 때
웃음이 묻어나는 얼굴로 맞이하죠

누구나 잘 살았으면 좋겠습니다
누구나 슬퍼하지 않았으면 좋겠습니다
누구나 산 같았으면 좋겠습니다
누구나 바다 같았으면 좋겠습니다

자연을 닮으면 마음들이 깨끗해져요 오~~ 오
누구나 누구 하나 잘못됨 없이
기쁨으로
감사함으로 살아가세요
밝은 세상이 올 거예요~~~~~~~~오

모성애

나의 몸은 하나의 거대한 성이다
너를 낳고
또
너를 낳고
또
너를 낳고
또
너를 껴안는다
네 몸은 하나의 거대한 문이다
나를 안고
또
나를 안고
또
나를 안고
또
나를 껴안는다
네가 다치면
나를 밀친다

네가 울면
나를 혼낸다

네가 웃으면
나도 웃는다

우리 몸은 본능으로 하나 되어
완성된 걸작품이다
그러니
다치지 마라
안전한 길로
불행하다면
걷어내라

평탄한 길로
행복하다면
서로 도와가라
그리하면,

나와 네의 길을
비추며
우리를
따라가리라

시집을 마치며

이 시집을 통해 제 삶의 여러 순간을 돌아보고, 그 안에서 느낀 감정들을 공유할 수 있어 감사했어요. 이 시간 여러분의 마음에 작지만 큰 울림이 되었으면 정말 좋겠어요. 또한 서로의 이야기를 나누며 더욱 깊은 연결을 느끼기 바랍니다.

제가 엮은 시편들은 곧 저의 내면을 탐구하는 과정에서 태어난 것들이기도 하고요. 이것을 감사하게도 여러분과 함께 여정을 나눌 수 있게 되어서 무척 행복합니다.

어둠 속에서도 빛을 찾기란 쉽지 않음에도 불구하고 시를 통해 마음의 언어로 여러분과 아름다움을 발견하여 나눌 수 있게 됨을 감사합니다.

각자 삶의 길에서 발견한 희망의 순간들을 놓치지 않고 매우 소중한 인연처럼 귀하게 여기시길요.

예 리 윤 정 화

아름나운 소통(시인 & 작가 문의)

■ Mobile : 010-7141-5567(문자), 010-3132-2416(부재시)
■ E-Mail : letitbegirl@naver.com

음악시인 윤정화

[제1시집] 울어도 울어도 소녀 가슴에
사랑꽃 핀다

초판인쇄	2024년 11월 25일
초판발행	2024년 11월 28일
지은이	음악시인 윤정화
발행인	김영찬(金永燦)
기획·발행처	도서출판「한국인」(제2014-000004호)
출판·인쇄처	도서출판「부산문학」(제2019-000001호)
주소	부산광역시 동구 중앙대로 308번길 7-3《주식회사 한국인》
전화	(051)929-7131, 441-3515
팩스	(051)917-7131, 441-2493
홈페이지	http://www.mkorean.com · http://www.busanmunhak.com
이메일	sahachanchan@hanmail.net
가격	12,000원(E-Book 6,000원)
ISBN	979-11-92829-71-5(03810)

ⓒ 윤정화 2024, Printed in Korea.
이 책은 저작권법에 따라 보호 받는 저작물이므로 무단전재와 무단복제를 금지하며,
이 책 내용의 전부 또는 일부를 이용하려면 반드시 저작권자인 저자와
도서출판 한국인의 서면 동의를 받아야 합니다.

※ 파본이나 잘못된 책은 구입처에서 교환해 드립니다.